Yo Digo La Verdad.

¡No Miento!

Un Cuento Infantil Que Fomenta La Honestidad y La Importancia de No Mentir (2 a 4 Años)

Por
Suzanne T. Christian

TWORAVENS
BOOKS

Two Little Ravens
CHILDREN'S NON-FICTION BOOKS

ISBN de la edición en tapa blanda: 9781968080730
ISBN de la edición en tapa dura: 9781968080747
ISBN de la edición digital: 9781968080754

Publicado en los Estados Unidos por Two Ravens Books LLC,
254 Chapman Rd, Ste 209, Newark DE 19702

'Ampliando mentes, liberando imaginaciones, una obra a la vez'.
www.tworavensbooks.com

Bienvenido a
Yo Digo La Verdad. ¡No Miento!

Este libro es un verdadero cofre del tesoro, lleno de afirmaciones atractivas y fáciles de entender, diseñadas especialmente para los más pequeños. Al explorar sus páginas juntos, tu hijo aprenderá la importancia y la alegría de ser honesto, y comprenderá el valor de decir la verdad.

Cada página está llena de ilustraciones vibrantes y afirmaciones positivas que fomentan la honestidad, la integridad y el comportamiento respetuoso. ¡Prepárate para un viaje de crecimiento moral, aprendizaje y mucha diversión con tu niño o niña!

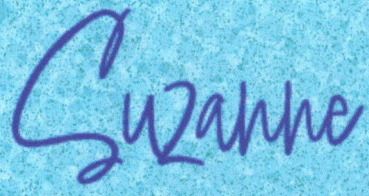

Cuando cometo un error,
lo digo con valentía.

¡No miento!

Está bien sentir miedo,
pero no está bien mentir.

Mis palabras son
para ayudar,
no para mentir.

Si cojo una galleta de más,
lo confieso. ¡No miento!

Uso mis palabras para expresar
lo que siento con sinceridad,
no para decir mentiras.

Mi voz es perfecta para cantar canciones,
no para decir mentiras.

Cuando quiero que me escuchen, digo la verdad. ¡No miento!

Si estoy enfadado, lo digo. ¡No miento!

Si algo se me rompe,
se lo digo a alguien.

¡No miento!

'Si no me cepillé los dientes,
digo la verdad. ¡No miento!

Si olvidé lavarme las manos,
digo la verdad. ¡No miento!

Decir la verdad
es mi superpoder.
¡No miento!

Si lastimo sin querer a un amigo,
me disculpo y digo la verdad.

¡No miento!

Cuando estoy nervioso,
lo digo. ¡No miento!

Mis palabras son para decir
la verdad, no para mentir.

Si no encuentro
mi juguete,
digo la verdad.
¡No miento!

Hago amigos
siendo honesto.
¡No miento!

Mi voz sirve
para decir la verdad,
no para mentir.

Soy valiente como
un león,
siempre sincero.
¡No miento!

Esparzo amor con honestidad,
no daño con mentiras.

Como un elefante,
siempre recuerdo decir la verdad.
¡No miento!

Si no sé algo, digo: "No lo sé".
¡No miento!

No finjo estar enfermo.
¡No miento!

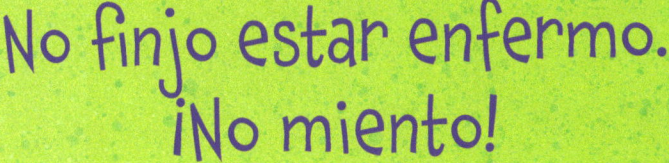

Si olvidé hacer mis tareas, lo confieso.

¡No miento!

Yo digo la verdad. ¡No miento!

Mi Increíble Serie de Comportamiento Para Niños Pequeños

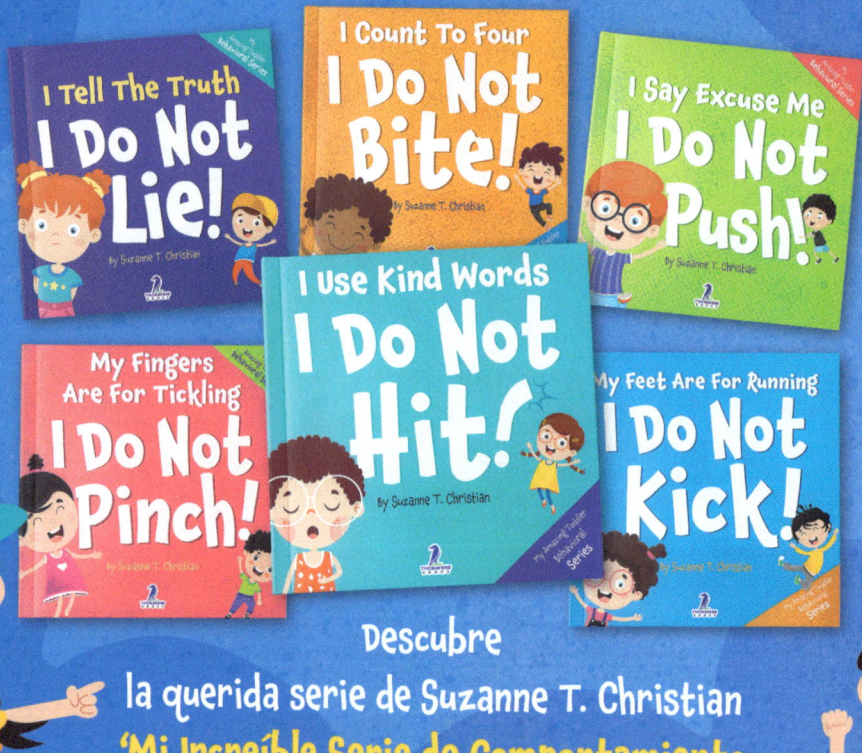

Descubre
la querida serie de Suzanne T. Christian
'Mi Increíble Serie de Comportamiento
Para Niños Pequeños.'
¡Los pequeños lectores seguramente la disfrutarán!

Two Little Ravens
CHILDREN'S NON-FICTION BOOKS

¡Hola, Pequeño Lector Brillante y Guía Adulto!

Gracias por acompañarnos en esta divertida aventura llena de aprendizajes.

Esperamos que hayas sonreído con cada página, aprendiendo y riendo por igual.

Si tienes ideas para hacer este libro aún más especial, escríbenos a hello@tworavensbooks.com.

Si esta historia te hizo reír y encendió tu imaginación, ¡nos encantaría que compartieras tus momentos favoritos y experiencias escribiendo una reseña para: **Yo Digo La Verdad. ¡No Miento!**

Tus comentarios no solo ayudan a otros a descubrir este libro, sino que también nos inspiran a crear más historias llenas de humor y sabiduría.

Sigue riendo, sigue aprendiendo y gracias por apoyar a **Two Little Ravens**, sello editorial de **Two Ravens Books LLC**.

Descubre más libros llenos de diversión y enseñanzas en **TwoRavensBooks.com**.

Suzanne T. Christian